ODL-DODL POBL

Gwion Hallam

Lluniau gan José Solís

I Noa a Moi – diolch am helpu.

G.H.

Argraffiad cyntaf: Ebrill 2007

Rhif Safonol Rhyngwladol: 1-84527-059-2

Cynllun clawr: Tanwen Haf / Cyngor Llyfrau Cymru

Cyhoeddwyd gan Wasg Carreg Gwalch,
12 Iard yr Orsaf, Llanrwst, Dyffryn Conwy, Cymru LL26 0EH.
Ffôn: 01492 642031
Ffacs: 01492 641502
e-bost: llyfrau@carreg-gwalch.co.uk
lle ar y we: www.carreg-gwalch.co.uk

Argraffwyd yng Ngwlad Belg gan Proost NV.

Mae 'na Odl-Dodl Pobl yn ein tref fach ni,
Dyma rai o'r bobl sy'n fy helpu i.

3

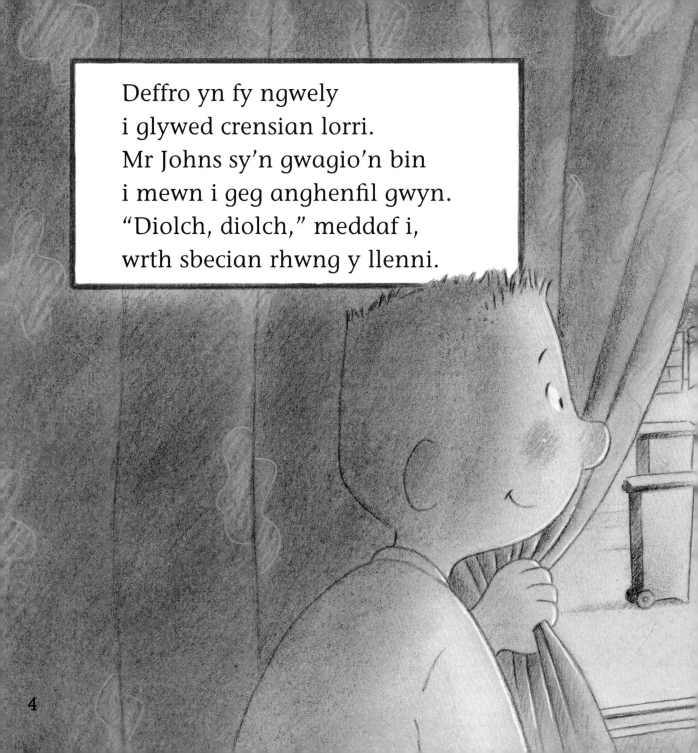

Deffro yn fy ngwely
i glywed crensian lorri.
Mr Johns sy'n gwagio'n bin
i mewn i geg anghenfil gwyn.
"Diolch, diolch," meddaf i,
wrth sbecian rhwng y llenni.

4

MERTHYR TYDFIL PUBLIC LIBRARIES

5

Ceir y bore'n rhuthro;
mae Mrs Lilian yno
yn camu'n ddewr â'i lolipop
o flaen y ceir a gweiddi "stop!"
"Diolch, diolch," meddaf i,
yn teimlo'n saff wrth groesi.

8

Seiren las sy'n sgrechian,
a phasio'n wyllt wna Ifan
yn ei injan sgleiniog lân,
ar ei ffordd i ddiffodd tân!
"Diolch, diolch," meddaf i,
"am Ifan Watsialosgi."

9

Wedi bore prysur,
cinio mawr sy'n gysur –
sglodion, ham a phys a ffa
a phwdin Mr Rees sy'n dda.
"Diolch, diolch," meddaf i,
wrth deimlo 'mol yn llenwi.

10

Ras i gae yr ysgol,
rhuthro'n rhydd fel ebol.
Pasio'r bêl a chodi llais,
rhedeg eto i sgorio cais.
"Diolch, diolch," meddaf i,
"am Mr Roberts Rygbi."

Mae'r ceir a'u cyrn yn gwylltio
wrth Mr Kirienko;
mae'n gyrru'r bws gan wenu'n braf,
yn ara deg fel dydd o haf.
"Diolch, diolch," meddaf i,
"fod gyrrwr da'n ein gyrru."

14

Suddo i'r sedd heb swnian
ac agor ceg yn llydan.
Miss McCleen, y deintydd clên,
sy'n gofalu am fy ngwên.
"Diolch, diolch," meddaf i,
"nad oes angen mwy o lenwi."

16

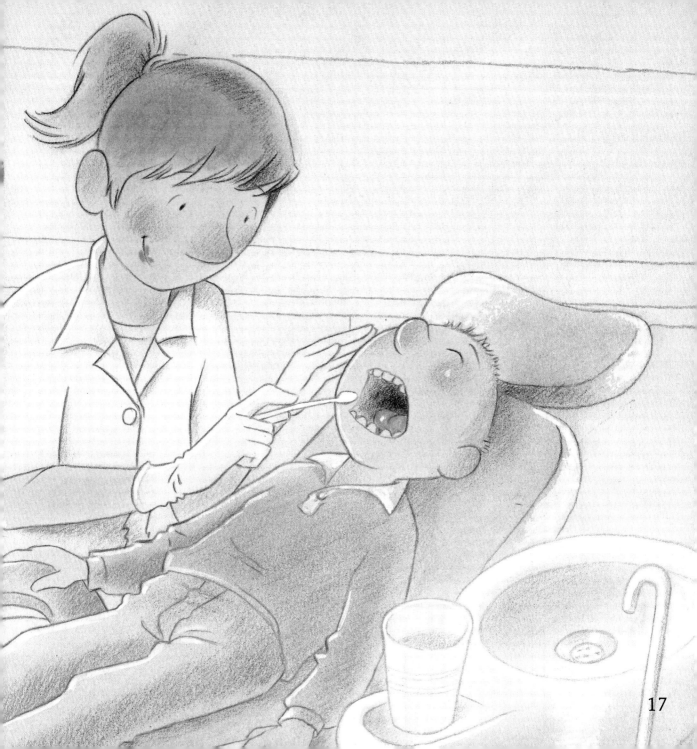

Wrth gerdded o'r fan honno
fy nhraed sy'n dechrau dawnsio.
Dilwen Bob sy'n llenwi'r stryd
hefo'i chân o ben draw'r byd.
"Diolch, diolch," meddaf i,
a'r curiad yn carlamu.

Mae Mam a Dad 'di blino
heb egni i goginio.
Chwilio am rif a chodi'r ffôn;
pizza ddaw ar hyd y lôn.
"Diolch, diolch," meddaf i,
wrth fwyta pizza Tony.

21

Swatio yn fy ngwely
i wrando arno'n odli.
Dyma'r gwaith pwysica sy –
sibrwd cerdd i neb ond fi.
"Diolch, diolch," meddaf i,
"am Dad a'i gân cyn cysgu."

Dyna'r Odl-Dodl Pobl sy'n ein tref fach ni;
Pwy yw'r rhai sy'n helpu yn eich ardal chi?